U0931780

謹以此書紀念先嚴先慈

麥克勞斯連 (McGlothlin) 先生夫人：麥克 (Mack) 與明妮 (Minelle)

兩老給吾家最大的禮物就是

以體諒的心為晚年生活作妥善安排

留下因著信仰而充滿愛心的榜樣。

這是耆老能給成年子女最好的禮物。

真　善　美　叢　書

這段路，我們一起走

與漸老的父母交換心聲

米西・布坎南 著
陳恩明 譯

基道出版社

▼
真善美叢書

這段路，我們一起走

與漸老的父母交換心聲

Voices of Aging

Adult Children and Aging Parents Talk with God

作者
米西．布坎南 Missy Buchanan

譯者
陳恩明

責任編輯
羅慧琪

裝幀設計
奇文雲海．設計顧問

■

出版 / 發行
基道出版社
香港沙田火炭坳背灣街 26 號富騰工業中心 10 樓 1011 室
LOGOS PUBLISHERS
Unit 1011, 10/F, Fo Tan Ind. Centre, 26 Au Pui Wan St., Shatin, Hong Kong
電話：(852) 2687-0331 傳真：(852) 2687-0281
網址：https://www.logos.com.hk

承印
海洋印務有限公司

●

7/2017 初版
Cat. No. LP766A
ISBN: 978-962-457-542-2

刷次	10	9	8	7	6	5	4	3	2	
年份	2030	2029	2028	2027	2026	2025	2024	2023	2022	2021

譯者序

正如本書所言，昨天還年輕力壯，今天突然變成老人家。這實在是我親身的體會。我翻譯此書最大的感受是：能為自己步向衰老作好準備，老得優雅的人是幸福的。而這書一定有這樣的效用。

在短短的幾章書中，兩代之間的張力表達得很透徹，儘管文化有差異，完全無損其中的真知灼見。我的父母都已經回到天家，我當年要是已經讀過這本書，必然可以減少一些遺憾。

到底誰是本書真正的讀者呢？是為人子女的？是為人父母的？作者特別能針對人的心去説話，也能代人説出憋在心裏的話。讀這書的兩代人，若因此更多互相尊重了解，這對一個人口大幅老化的城市必然是極大的祝福！

目錄

引言

許多人會説我是幸運兒。我的爸媽大愛無私地為他們的晚年做好準備。我毋須討回車匙，也不用尷尬地叫他們在無法自理之時，進老人院受別人照料。老弱衰殘在所難免，失去自立能力叫人難堪。但兩老的堅毅叫家人看到他們多麼樂天知命。他倆的晚年可真不容易，但信仰堅定，言行俱仁。

弟妹也是對爸媽照顧有加。雖然日常的照顧是我的責任，因為我住得最近，但他們都會隨傳隨到，二百里路也不成問題。我沒辦法告訴你這是多麼有力的支持。他們深明日夕肩負照顧老人家有多辛苦，經常鼓勵支持，奇謀盡出，不計其數。

可我跟許多長輩以及他們的家人交談後，深知我家情況是例外，不是常情。作為一個維護長者、所寫所説每多涉及老年與信仰課題的人，我經常坐下來聽他們吐苦水，包括他們數落成年子女的話。我也聆聽成年子女們坦承跟所愛的長輩相處有多難。即使信仰有根基、關係健康的家庭，在認真地為老人家安排前路時，也會滿懷歉疚，壓力重大。

當人問我怎辦，我總是請他們設身處地站在另一代人的角度去看事情。當大家都用心看，長輩晚輩都會有所裨益，互相體諒，明白對方的恐懼與挫折。

本書情節全是真的，是我在世界各地與成百成千老人家及其成年子女談話所得。讀者們，不管是老人家或者是作子女的，可能會對其中的感受和經歷頗有共鳴。我臚列了老人家與子女、男性與女性的聲音，務求你在這些情深坦率的沉思裏找到自己的身影。我邀請你走進兩代人的心思裏，好讓自己的心能夠柔軟下來。請用心思考相關經文，讀到「攜手前行」的一段時，接受挑戰，踏出一步。結束的時候可以一起禱告，也可以分開禱告，但勿忘大家向主的禱告是一致的。誓要矢志與至親攜手，在創造主的慈愛眷顧下，漫步耆年路。

1

盡上所能

上帝啊，自我年幼時，你就教訓我；直到如今，我傳揚你奇妙的作為。上帝啊，我到年老髮白的時候，求你不要離棄我！等我將你的能力指示下代，將你的大能指示後世的人。

詩七十一 17～18

成年子女的心聲

真希望我媽媽知道我一天只有二十四個小時。

我會盡力關心她，但她老是忘記我還需要照顧別人。

我有自己的家庭友鄰，還要上班，全部需要時間，還有教會和別的責任。

這一切都需要我付出時間和精力，全部都超出我能應付的，所以我根本沒有時間滿足每一個人的需要。

真希望她明白我已經盡了力，可惜她老是要叫我感到內疚。

多希望我跟她多通電話。

多希望我沒有搬得那麼遠。

多希望我照顧她，跟我照顧朋友一樣。

多希望我像某人的女兒一樣那麼盡孝。

多希望我記得我小的時候，她多麼顧惜我。

我內心纏繞的不安讓我一直聽到她的嘮叨，直教我感到自己完全失敗。

我覺得自己必須反駁她，結果出言不遜。

我知道照顧老人家需要有愛心、有犧牲。可我也想她明白，我已經盡力服事所有人了。

我已經分身不暇，失去自己。

主啊，救我！

耆年父母的心聲

一想到自己負累家人，心裏難過：歲月不留人，體弱多病。

久病無孝子啊。

上主啊，他們可以夠忙了，我真不想替他們添麻煩，消磨他們的耐心。

可有時候我真覺得孤單，感覺自己是最後被注意到的，是沒有人有時間理會的老人。

主啊，赦免我，我在風燭殘年時過度依附人、操控人。

當我感到孤單被棄，叫我記得祢永遠與我同在。

當我焦慮不安，求祢賜我平安。

當我感到失望，叫我反倒能鼓勵人。

上主啊，幫助我回想當年肩擔千斤的滋味。

當我要口出批評之時，使我閉嘴。

但願我能以感恩的心去欣賞家人的犧牲和努力。

求祢塑造我，叫我成為楷模，老得優雅。

攜手前行

無論是老人家或是成年子女，邁入晚年，路是難走的。保持平衡、調整期望，可減少大家的壓力。

雙方都要互訴衷腸，道出挫敗與恐懼，説出疲累與軟弱。學習易地而處，一同界定何謂合理期望。要緊記：定日子探望或定時問候可以減少老人家的焦慮，也可以減少後輩的內疚。請其他的家人或朋友輪流分擔，也可以增加大家的安全感。最後，想想自己對人的倚賴如何肖似你對上帝的依靠。你可以怎樣對另一代表示理解和欣賞，藉此流露從上帝來的愛呢？

禱 告

賜安息與甦醒的主啊，我厭倦裝強與操控。請幫助我記得，祢是平衡生活的支點。

請提醒我，別再批判自己或別人的努力。當我已經盡力而為，讓我在祢的平安裏透過氣來，活在恩典中——不在遺憾中。阿們。

2

帶不走

不要為自己積攢財寶在地上；地上有蟲子咬，能銹壞，也有賊挖窟窿來偷。只要積儹財寶在天上；天上沒有蟲子咬，不能銹壞，也沒有賊挖窟窿來偷。因為你的財寶在哪裏，你的心也在那裏。

太六 19～21

成年子女的心聲

人一輩子竟然可以收藏那麼多東西，我真的想不通。老媽的房子全給東西堆滿了。我不敢去想，如果她明天走了，我該怎麼辦。我可從何入手？

層架上面疊得高高的，抽屜裏面堆得滿滿的。壁櫥裝滿多餘的東西：多年沒穿的衣服、破爛的電器、封了塵的古玩。

有時候我真懷疑她到底有沒有想過，家人要處理她的東西是多費勁的。

難道她真想累我們處理大堆遺物，決定丟或留、值錢不值錢？

可我如果坦白面對自己，我也沒有太大的不同。

我也是不願意丟東西的。

中學的獎牌和年刊，我仍然留著。

要指責別人的時候，不禁想到自己也是放不下回憶的。

我該怎麼樣幫助她梳理回憶？

昔日輕而易舉的——打掃房間、清理雜物、捐贈物資——今天這任務叫人舉步難行。

請指示我怎麼樣以仁愛恩慈的心去對待她。

深盼我能一邊寄予同情，且能一邊給她鼓勵。

耆年父母的心聲

夜闌人靜，閉起眼睛的時候，我也擔心死了怎麼辦。不是擔心上天家，而是我死後，兒女們會翻出抽屜裏面的破舊褻衣。

他們翻箱倒櫃時會怎樣看我的一生？會笑我留住生銹的玉米架麼？還有食物櫃裏大堆的空牛油罐？

他們把垃圾放到門外時會不會鬆一口氣？

我希望他們能明白我們的一代。

我們小時候克勤克儉才有錢買東西。東西爛了，一定修理，物盡其用。我們不會像今天的人那樣隨便丟東西。

今天，我懷疑自己能否把兒女的手工和外遊紀念品丟掉。

主啊，直視死之將至，我真的很害怕。

我很擔心離世之前需要辦妥些甚麼事。

賜我力量去清理滿塞的衣櫥和久未整理的抽屜。

幫助我除掉摟著小玩意不放的慾望。

但願我可以放下自尊，求人幫助我丟棄、捐出、整理我的物品。

請祢賜我美好的回憶去減輕此刻的壓力。

最重要的是，賜我恩典，在一片淩亂中找到美好的回憶。

攜手前行

雜物太多令人心緒不寧，除非你能壯士斷臂。任何年齡的人都可以清理一下自己的物品，輕裝上路。肯捨棄才會有空間繼續成長，得到生機。

也許你為了要丟掉親友所送的禮物而內疚。那不妨留下有代表性的一兩件，不用留下一大箱。記住：上主才是你的盼望；財物不是。想想你心愛的物品送給誰最有用。藉清理的過程，重拾珍貴物品背後的故事。寫下傳家之寶的故事，拍下貴重物品的照片，並記下摘要。鼓起勇氣，逐櫃逐箱去清理。

禱告

上帝啊，請助我鬆開手，不再抓著生命中的雜物。請提醒我，我死的時候甚麼也帶不走。

今天就給我力量，有精神清除我不再需要的一切，輕裝上路。當我走出亂局，讓我重獲自由，得著等候著我的新機會。阿們。

3

車匙

願頌讚歸與我們的主耶穌基督的父上帝，就是發慈悲的父，賜各樣安慰的上帝。我們在一切患難中，他就安慰我們，叫我們能用上帝所賜的安慰去安慰那遭各樣患難的人。

林後一 3～4

成年子女的心聲

一直以來我都不敢跟爸爸提到車子的問題。

為甚麼他就不知道我關心的是他的安全。

我希望他及早交出車匙，不要等到撞斷骨頭或是傷了別人才不駕車。

為甚麼他看不見自己的自私，為了自尊而置別人的安危於不顧？

主啊，我見過他剷上人行道，又差點與人迎頭相撞！

可他總不承認反應和視力大不如前。

我一勸他，例必聽到這番藉口：

他只在市區附近短途駕駛；

他這個駕駛者比低頭族更安全；

他是有駕駛執照的！

簡直不可理喻！

要怎樣叫他別單看自己呢？

我曾經想過收起他的車匙，甚至弄壞他的車。

軟硬兼施、又求又哄、威逼利誘、冷漠對待全不奏效。

他的頑固無賴把我氣得七竅生煙！

主啊，救命！

耆年父母的心聲

主啊，我以為自己已經準備好迎接老年的日子，可要交出車匙難似登天。

家人也不明白這對我的打擊有多大。他們說得輕鬆，像給孕婦讓座一樣。

交出車匙沒這麼簡單。

一交出就天變。一輩子要靠人。

交車匙叫我想起這些年來所失去的——住所、財物、老伴、健康。

駕車是我僅有的自立行動。

交出車匙，我就不能去找朋友、上教堂，連看醫生也不行。軟禁在家。

我清楚知道故事的發展；老友一個接一個都一樣。

家人誠懇的承諾隨時接送，但事實上很快就會厭煩。

他們會覺得我是個負累——我也承認。

希望兒女也能想想：他們不駕車怎過日子。

求主幫助我卸下不滿、屈辱、恐懼。

親愛的上帝，教我怎辦。

攜手前行

上帝明白兩代人對於駕車的憂慮——擔心老人家或他人會受傷；擔憂自己成為家人或朋友的負累。談論這個問題，最好是在不成問題的時候先提出來。如果老人家能夠預早委托人監督他的駕駛習慣，又以書面批准這人在必要的時候沒收車匙，所做的可謂毫不自私，肯替人設想。

成年兒女開口談這難題之前，最好先體驗一下父母的恐懼。試試不用車一星期。徹底經驗不駕車多麼不方便，多麼令人苦惱，然後再跟父母談。在這段日子，你可能會嘗試多走路或花錢坐計程車，但要想到父母又老又沒錢，情況不容易。有了這一番體會，你能明白老人家的心情，可以一同規劃更有人情味的行動計劃，減輕他們的恐懼。

禱　告

主啊，人生變化可真不容易。其中最困難的是交出車匙。求祢助我設身處地明白家人的挫折與恐懼，教我想出解決方案，並且在過程中榮耀祢。阿們。

4

智慧

耳朵豈不試驗言語，正如上膛嘗食物嗎？年老的有智慧；壽高的有知識。在上帝有智慧和能力；他有謀略和知識。

伯十二 11～13

成年子女的心聲

主啊，我真的愛聽媽媽的故事，說真的。

可是過去五十年來改變太多了——我又怎能體會她的當年呢？

這世界愈走愈快，我們的生活比以前複雜得多了。

人浮於事，壓力很大；又要健身又要注意飲食；要學習新科技；還要擔心經濟和醫保。

這都不是媽媽那一輩能夠明白的；她已經落伍了。

她搞不通智能手機；害怕用電腦。

頭條新聞叫她頭痛。

她已經跟現實生活脫了節。

我承認有時候對她很不耐煩。

主啊，求祢赦免我自以為是、高傲自大。

求祢賜我謙卑的心，好讓我能看見媽媽在漫長歲月裏所累積的智慧。

耆年父母的心聲

我的生命就像藏書豐富卻沒人閱讀的圖書館——冒險、愛情、箴言、指南應有盡有。

可惜無人問津，全都封了塵。

主啊，曾幾何時每一冊都是風行一時，人人爭相翻閱，把書也弄破了；但今天，我的人生功課，沒人理會。

我歲月日增，卻愈來愈沒人對我的言語和思想感興趣。

我在路上有跌倒的時候，可我卻能夠以智慧的眼光去回顧。

只要他們願意，後輩一定可以從我的成敗得失、愚蠢鹵莽裏面學到教訓。

經一事、長一智——我曾傷心夢碎，熬過拮据的日子，面對子女的反叛，學得永恆的真理，看破俗世的謊言。

只要他們肯問，我一定傾囊相授。

攜手前行

智慧不一定隨著歲月而來。但是，存謙卑的心與上帝同行的，一定會累積智慧。

智慧並不是懂得玩最新的科技或者追得上潮流，而是在語言偽術充斥的世界裏，懂得辨析何謂真理與正義。

身為長輩的你，可以怎樣幫助後輩走人生的路？寫一封信。放下身段。不要講大道理。講講自己人生的重要故事。切忌老氣橫秋。跟家人分享這封信，藉此打開話匣子。作子女的，你該如何鼓勵老人家細說往事？你可以怎樣把箇中要義與瞬息萬變的今天連繫起來呢？

禱　告

主啊，祢是賜智慧的一位。我每天都在學習分享人生功課，以及吸收別人的功課。求祢叫我看得清、走得對。開我心和耳。求用我的生平去啟發後世的人。阿們。

5

季節

凡事都有定期，天下萬務都有定時。生有時，死有時；栽種有時，拔出所栽種的也有時；殺戮有時，醫治有時；拆毀有時，建造有時；哭有時，笑有時；哀慟有時，跳舞有時；拋擲石頭有時，堆聚石頭有時；懷抱有時，不懷抱有時；尋找有時，失落有時；保守有時，捨棄有時；撕裂有時，縫補有時；靜默有時，言語有時；喜愛有時，恨惡有時；爭戰有時，和好有時。

傳三 1～8

成年子女的心聲

我自己也來到了人生的秋天，頗為怡然自得。

為了要來的冬季，我已經儲備了好些心得和回憶。我已經卸下從前的重任——養兒育女、建立事業、打好財政基礎。

我正在享受中途的陽光。

我一直冀望著周遊列國，實現多年的夢想。

可惜為了照顧父母，部分的夢想恐怕要押後實現。

縈繞心頭的思想是，自己的冬季也即將到來。

主啊，我禁不住在想，這個秋季到底有多長。

眼前的老人家叫我看見自己的未來。

過不多久，風暴颮起，天色改變。

凜冽寒風掃走落葉，一片蕭索。

我學習明白父母的近況，可我還不想自己的冬天那麼快來到。

創造的主啊，請幫助我，明知季節交替難免，仍然能夠細味秋天的金光。

耆年父母的心聲

時間總能令我吃驚。

昨天，我才享受著美好的秋色——午後的陽光為樹葉鋪滿耀眼的金光。

當我抬頭接受陽光的溫暖，秋天悄悄消失，冬天忽然來到。

冰天雪地上只見禿樹修長的影子，情景肅穆莊嚴。

我也比以前走得慢，蹣跚而行，勉強保住活力。

主啊，我長途跋涉，終於來到這一季。

在這人生的冬季，求祢開我的眼，懂得欣賞靛藍青天下禿樹椏枝剪影的深邃美麗，或者老者臉上皺紋勾勒出來的智慧。

求祢叫我明白，每一個季節都有自己的節奏和意義，心中平安。

因為今天正是不再復還的恩賜。

當我觸景傷情，請提醒我，在冰雪之下，滿有生機。

攜手前行

有時候，過於專注季節裏面的考驗，會叫你錯過人生的大局。要默想一下，在這人生季節，上帝在展示甚麼？你對這季節有甚麼感受？你怎樣面對冬或秋的呼聲？思考一下如何在這季節的難處裏，仍欣賞其中的美麗。懷著感恩踏進生命的冬季會是怎麼樣的呢？

禱　告

上帝啊，我承認，我經常錯失每個季節的美麗，注目無定的明天，且毋視今天的祝福。主啊，請融化我的冷心。在我自覺一事無成、了無生氣時，讓我深深覺得祢同在。請幫助我能夠退後一步，全覽人生的豐盛。阿們。

6

回憶

你們不要記念從前的事，也不要思想古時的事。看哪，我要做一件新事；如今要發現，你們豈不知道嗎？我必在曠野開道路，在沙漠開江河。

賽四十三 18～19

成年子女的心聲

我翻閱著照片簿，看到爸爸真的老了。

泛黃照片裏的青年英姿煥發。

他讓我騎在肩膀上看遊行只是昨天的事。

今天，他的肩膀已經沒有力地彎下。

多少年來，我都刻意避免想像他的老態，但歲月催人，避無可避。

主啊，我得承認，憂心失望已經困住了我。

我覺得我失去了一個從小認識的人——那個能給我修理腳踏車，在後院跟我賽跑奔往橡樹下的人。

那個充滿活力的人慢慢變成一幀泛黃的照片，我卻只能直視他在衰老朽壞——也從中看見自己。

上帝啊，不論我多珍惜昔日的回憶，但願我也能在這條衰老的路上，創造出新的回憶來。

耆年父母的心聲

回憶之旅容易令人沉醉；本來只想匆匆走一回，結果流連忘返。

回望舊照勾起美好時光的記憶，愜意非常。

想當年，活力充沛，少有病痛。

生活簡單，較有興味。

想當年，精神為之一振，做人有意義，人見人愛。

可是，主啊，我不想活在昨天，死抓不放。

當我感懷往昔，請把我帶回今天。

教導我回望而不迷失。

過於沉湎過去，我會坐失今天的祝福。

就在今天，我抓緊祢要作新事的應許——乃是出乎我意料的新事，是關於我的。

每逢我去看後鏡，求祢叫我看見我的一生中，祢那條信實之路是多麼的長。

攜手前行

歲月無情，到處留痕避不了。

成年子女之所以不接納父母衰老的迹象，因為這一切反映了他們也是難免一死的。耆年父母緬懷過去，為了稍有安慰。世界快逝時，昔日事物讓他們覺得穩妥。

是甚麼叫你沉湎往事太久？太過想當年如何妨礙你有所傳承呢？今天，做一件令你及你所愛的人，將來會有正面回憶的事！

禱　告

上帝啊，我常受誘惑沉迷過去，許多時候，我在那裏駐足，寸步不離。請教我回顧而不留戀。幫助我面對死亡。指引我怎樣走在這條不斷衰老的道路上，主，深知祢會不斷在我的人生中作成新的事。阿們。

7

醫生與醫院

豈不知你們的身子就是聖靈的殿嗎？這聖靈是從上帝而來，住在你們裏頭的；並且你們不是自己的人；因為你們是重價買來的。所以，要在你們的身子上榮耀上帝。

林前六 19～20

成年子女的心聲

媽媽每一個禮拜不是看醫生就是去驗這個那個，總有理由要我請假重排日程。

以前我只需送她去或是在外等候。現在她要我在檢查室全程陪伴，充當代言代聽，解釋醫學名詞、治療方案。

我們經常要填寫新表格——緊急聯絡人、保險資料、很久以前的患病日期、手術日期等，還有答不完的問題：吃甚麼藥、有甚麼敏感、家庭歷史、種了甚麼疫苗。

我每一個禮拜都要花時間陪著她穿越醫療迷宮。

主啊，我真的吃不消，累死了。

我看著她的臉，知道她很愁很怕。

親愛的上帝啊，當我忍得辛苦，請祢悄聲細語，叫祢的平安進入我心坎裏，讓我能夠去安慰她。

耆年父母的心聲

從前我去看醫生，只是偶爾接受檢查或者打流感針。

我很快就做完很多的測試，一點憂慮都沒有。

現在年紀大了，看醫生不再是簡單的事，也不再是例行公事。

我的人生已經變成沒完沒了的醫療約會，煩擾不已。

眼科、類風濕科、照大腸、心電圖。

每一趟都要答一大堆問題，難怪我血壓高。

主啊，這副老骨頭未從病牀爬起來，就已經累死了。

我還得費盡全力去明白醫生所說的。

感恩的是女兒常常陪我，可我累著她，心感內疚。

主啊，當我覺得這副殘軀毫不中用，叫我毋忘它是美麗精妙的設計來的。

但願我能盡力好好照顧它。

攜手前行

老人家通常把久病列作晚年最難面對的事。穿梭於醫院大樓之間令人疲倦、令人難受的程序、不斷試藥、擔心診斷結果，這些都掀起許多不安緊張。再加上失去視力聽力——難怪大多數老人家都視約診為禍福參半的事。求診雖艱辛，卻叫人能夠趁機談談身後事。

不妨想想怎樣減輕兩代人在求診和陪診事上的壓力。大家學習易地而處，作子女的看看有沒有更好的安排。請考慮一下，縱使身體日漸衰殘，到底在你的身子上榮耀上帝是甚麼意思。

禱　告

上帝啊，我承認我常常埋怨，輕易忘記這身體乃是祢奇妙的設計。每一個看似簡單的動作，全都是祢所設計的、複雜的連結所成。自然律也是祢的創造，我的身體也隨著它們而變化。求祢幫助我接受現實，並且能夠為祢精妙無比的創造而歡喜快樂。

8

父母／子女

也不是轄制所託付你們的，乃是作羣羊的榜樣。到了牧長顯現的時候，你們必得那永不衰殘的榮耀冠冕。你們年幼的，也要順服年長的。就是你們眾人也都要以謙卑束腰，彼此順服；因為上帝阻擋驕傲的人，賜恩給謙卑的人。所以，你們要自卑，服在上帝大能的手下，到了時候他必叫你們升高。

彼前五 3～6

成年子女的心聲

她甚麼時候才知道我已經不是小孩了？天啊，幾十年前我早已長大了——大學畢業、事業有成、成家立室。

為甚麼媽媽還是把我當成五歲的小孩？

我懂得自己做決定，也懂得照顧自己。

別忘記拿雨傘啊，今天可能下雨呢。

我想不到你會花那麼多錢買這個！

草長得太高了，割草機壞了嗎？

我猜她還以為這些不怎麼婉轉的說話對我有益吧？

事實上，她的嘮叨正像關不緊的水龍頭，一直消磨我的耐性，直到蝕穿了我的心。

主啊，我承認有時候，我反應太大像個不甘挨轟的少年。我會反白眼，出言不遜，挖苦一番。即使我緊閉著嘴，腦子想的全部寫在臉上。就在此刻，罪疚如巨浪來襲，令我一蹶不振。

當孝敬父母——這一條誡命一直在我腦海裏徘徊不去。

可是父母沒尊重我是個大人，我又能怎樣孝敬他們呢？

主啊，這一大袋沉重、複雜的情緒，我真擔不起——挫敗、內疚、尷尬、難過、愛、怒。

當傲氣妨害我與父母的關係時，求祢軟化我的心。

上帝啊，賜下智慧與恩典，使我按祢呼召作個成年子女。

耆年父母的心聲

有時候我覺得自己已經過時、沒用、沒地位。

我像保鮮期已過了許久的紙包奶。

有時候，時不我與的感覺令我沒趣——兩代的鴻溝叫我覺得自己又笨又落伍。

上帝啊，歲月無情令我不安，遠離了熟悉的一切。

我本來有事業，有家庭有責任；現在我全部下崗。我人生的意義像輕煙——輕飄飄的一縷，轉眼而去，不留痕迹。

主啊，渴望被人看重、被人關心，希望有人重視我的閱歷，難道不對嗎？

後輩用把我當成小孩的口脗跟我講話，我會怒不可遏。

他們竟然隨便忘記我過橋比他們走路多！

我也得承認，我有時候也不顧他們的感受，大發議論。

主啊，求祢赦免我，把我心中的自憐拿掉。

當我覺得我因追不上改變的速度被忽略，讓我以祢不變的愛為避難所。

請提醒我，只要我還有一口氣，祢就是我的意義。

請教導我，在餘下的歲月裏怎樣毋須指指點點而仍然能夠影響別人。

求祢叫恩慈淹沒我的心，好讓我成為老得優雅的楷模。

攜手前行

不論甚麼年齡，要建立和保持健康的關係，我們所需要的就是在上帝面前有一顆謙卑的心。如果你所求的是先去了解別人，那你也可能會被別人了解。要盡量站在另外一代人的位置上去理解他，並且謙卑地求上帝把新的視野賜下來。然後，當家人一起邁步向前，切記培養關係的首要原則：互相讚美要經常不輟，並且要公開；互相對質則愈少愈好，並且必須單獨進行。請馬上列出你欣賞父母或子女的十項優點，彼此交換。

禱告

主啊，晚年的路崎嶇不平，有時候令人卻步。許多時候，我無法站穩。幫助我，在挫折來臨、風雨飄搖之時，緊抓住祢。請祢把我穩住，賜下充足的恩典，叫我能夠讓人得到尊重與榮譽。阿們。

9

金錢

貪財是萬惡之根。有人貪戀錢財，就被引誘離了真道，用許多愁苦把自己刺透了。

提前六 10

成年子女的心聲

錢——從未遠離我的腦子。

我這年紀，想的都是退休和儲蓄。

還要工作多少年？能有多少錢可用？

現在還得替爸爸打算。

他過去精打細算，自己理財，現在連簡單算術、準時結帳也不行。

在這把年紀，腦筋打結，理財成為重擔，可他還是不願意放手。

一談到錢，他就渾身不自在，為了隱私和自主而操心。

我擔心他的錢不夠用，或者被貪心的家人支配，又或者墮入騙局。

不明朗的未來也為他的經濟情況添麻煩。

例如他是不是需要專人照顧？

萬一有了重病，保險又不包的？

或者他亂花錢，結果負累家人？

主啊，我承認我心很亂，不知所措！

耆年父母的心聲

前路日子不知會怎樣，令人擔心，尤其涉及金錢更是如此。

有時候真想知道自己還有多少日子，方便籌算一下。

錢直接影響我的人生：衣食住行，以至捐出甚麼。

理財雖然辛苦，可我還是不願意放手。

我真的不想承認，但我真的擔心有些家人關心我的錢多於關心我 。

我真希望可以透視他們的微笑背後藏著甚麼用心。

家人可能以為我很吝嗇，或者太天真。

事實是，我害怕 —— 失去控制的能力、錢花光了人還在。

我滿腦子都是利率和股市情況，轉得頭也昏了。

主啊，我不能夠再靠自己去理財了，可我又不知道該怎樣做。

求祢賜我智慧，做好財務的安排。

攜手前行

正如聖經告訴我們的，錢並不是萬惡之根——貪錢才是。談論錢財傷感情，在家人之間也是如此。醫療保健費用高昂是其中一些人的問題。老人家沒有理財能力時，誰來代為管理或者是另外一些人的關注。也有些老人家財力雄厚，自己有需要，也不捨得花錢，為的是要多留給子孫。

做父母的，要銳意與自己信任的人談談財務的事情。理財真的很困難嗎？為甚麼呢？你們遭遇過甚麼攔阻？做兒女的，要想一想有些甚麼涉及父母的幸福、健康的重要問題要提出來，尤其與財政有關的。一同想一想，大家在重要的決定上，有否把上帝擱在一旁呢？你們該採取甚麼行動去扭轉情勢呢？

禱　告

主啊，我正處於財政不穩的地步。我為錢煩惱痛苦。我把我的憂慮交給祢。面對前路不明，我堅決尋求祢的智慧。阿們。

10

尊嚴

「我賜給你們一條新命令，乃是叫你們彼此相愛；我怎樣愛你們，你們也要怎樣相愛。你們若有彼此相愛的心，眾人因此就認出你們是我的門徒了。」

約十三 34～35

成年子女的心聲

面對自己年老的父母，讓他自己來，還是要幫他一把，很難拿捏。

我該怎樣由她愛怎樣就怎樣，又沒有置她的安危和尊嚴於不顧呢？

她連地面濕滑或空氣中有異味也懵然不知時，我當然要出手相助，甚至阻止她的行動。這都是為她好的。

主啊，我承認我很不耐煩，把她當成小孩子。請赦免我。

要保持她的尊嚴，同時保持自己不發瘋，真的有張力。

眼看能夠自主的她狀態一落千丈，叫我心碎。

我所見所聽到的，她沒法次次掌握到。

當我出力幫助她，卻又沒有次次顧及她的隱私和尊嚴。

求祢幫助我敏感一些，明白她的恐懼與尷尬。

但願我可以盡我所能讓她有尊嚴，體會老人家的難處。

耆年父母的心聲

猶記得我坐在房間內聽到子女談論我，彷彿我不在。

他們高談闊論，以為我聽不見、聽不懂。

也許他們以為自己有權安排我的生活吧。

他們似乎不明白，我雖然老，但我仍有自己的生活。我有我的生活。

我明白體力今非昔比，可我仍然有自我。

我跟其他人一樣，是有感覺的，亟需保持尊嚴。

體衰氣弱叫我失去自主和隱私；就是大小二便也需求助於人，但更糟的是被人當作小孩子。

我一感到尷尬就整個人都僵住，傲慢頑固。求祢赦免。

上主啊，祢知道我心所求。

求祢施恩，讓我虛心受助，深知無論何景況，祢已賜我尊嚴。

攜手前行

不管你是甚麼年紀，尊嚴都是你所求的。但年紀大的時候你的自尊就受重挫了，需要更多的幫助。試試想像可以怎樣保護老人家的尊嚴。實踐上帝的誡命，彼此相愛，會不會改變你的現狀，帶來新的互動？在一方漸老的時候，如何建立均等互尊的關係呢？

禱　告

主啊，尊嚴於人即如空氣一樣重要。祢按自己的形象創造了我，叫我有價值。當我不尊重別人時，請赦免我。幫助我小心言行，免得損害身邊的人的尊嚴。阿們。

11

家

我豈沒有吩咐你嗎？你當剛強壯膽！不要懼怕，也不要驚惶；因為你無論往哪裏去，耶和華——你的上帝必與你同在。

書一 9

成年子女的心聲

老爸站在前廊看著久未修剪的花槽，雜草叢生，殘花處處。

他的庭園本來井然有序，叫他自豪的。

此情不再。

我在屋內看到更多失修問題——雪櫃擠滿發霉的殘羹，信件紙張成堆，門柄掛著骯髒的衣服。

環顧四周，念及未來，我喉嚨哽咽。

誰也不想聽見有人叫他搬離自己的家。

可他真的不能再獨居在這裏。

主啊，他太辛苦了。對一個這把年紀的人，太辛苦了。

難道他不明白，承認自己辦不到了並不是一件羞愧的事？

為甚麼他還要堅持自己在這裏住到死呢？他住在這裏已經不安全。

我真希望他不用搬，但這是不切實際的。到了最後還是要我來當挨罵的——由我叫老弱的爸爸讓步。

主啊，我要怎樣叫他明白我也心痛呢？

我禱告他能發現新住處的益處——朋友、有意義的活動、羣體的生活等。

願他在告別的過程中，也能擁抱新的經驗。

耆年父母的心聲

我凝望著那棵橡樹，我的兒孫昔日常在那裏爬上爬下。

現在我獨自一人住在這邊，回憶令我感到安慰。

我希望時光倒流，叫這房子充滿笑聲歌聲，這個當然不可能。但我感到憂愁孤單的時候，這老房子讓我得到安慰。這是我的家。

廚房窗口有春天綻放的百日紅。

一聽見吱吱作響的紗門聲就知道鄰居回來了。

工作室傳來機油和木屑味。

家人要我搬家，真不能想像怎可能把我的一生壓縮在一個小房間裏。

我嘗試消化他們的關注——我需要有人照顧，我獨居不安全，我只有自己一個人，維修房子費用高昂。

他們用心良苦我是知道的，但想到搬家我就擔心害怕。

主啊，我不知道如何是好。

我怎麼捨得離開一個在我晚年給我那麼多喜樂的地方呢？

上帝啊，求祢安慰我，指引我吧！

攜手前行

成年子女一般都會低估了老人家遷離故居的內心痛苦有多大。家代表了熟悉的一切，讓人感到安舒、有隱私、有自主。單是遷移的念頭也可以叫人受不了。可是為了安全或者是經濟的原因，老人家終有一天是非搬不可的。

做長輩的你，要衡量一下狀況。要一層一層撕開自己的感受，直到暴露核心的恐懼和關注。到底有甚麼辦法消除恐懼？你所抓住的是上帝的應許，抑或是留戀過去？信靠上帝無論你何往也同在的應許，會不會改變你的看法？試默想一下，也許上帝正在帶領你到更好的環境去。祂是不是正在邀請你去擁抱改變呢？你可以怎樣幫助自己將新地方變成一個家呢？

做晚輩的你，則可以想想怎樣把老人家的新地方變得更有家的感覺。問問有哪些物品是他格外珍惜的。花點心思幫他擺設好。幫他掛好照片，一邊掛一邊細說。幫助他做一冊紀念相簿，給他帶到老人院。

禱 告

主啊，讓我緊記無論我到哪裏，祢也與我同在。鼓勵我積極投入新生活。給我力量幫助經過重大轉折的人，並且記得在永恒裏再也沒有告別的時刻。阿們。

12

兄弟姊妹

愛弟兄，要彼此親熱；恭敬人，要彼此推讓。殷勤，不可懶惰；要心裏火熱，常常服事主。在指望中要喜樂；在患難中要忍耐；禱告要恆切。聖徒缺乏，要幫補；客，要一味的款待。逼迫你們的，要給他們祝福；只要祝福，不可咒詛。

羅十二 10～14

成年子女的心聲

我又碰壁了。弟弟不肯幫忙照顧媽媽。

他住得不遠，但不去探望的藉口一大堆。

工作太忙，要看小孩，探訪媽媽心理負擔太大。

他只在我哀求下，或者自己有求於媽媽，才肯打電話。

他怎麼可以駕車經過附近也不去看媽媽一下？

哎呀，拜託一下，他是有責任關心自己的媽媽的！

結果住老遠的我就擔起了關心媽媽的責任。

每幾個禮拜，我就得長途跋涉去打掃房間、付款結帳，他卻樂得清閒。他推說我最懂得跟媽媽相處。

主啊，我該怎麼樣以愛心恩典去對待逃避兒女責任的人呢？

有時候我真的差不多要發作，尤其是聽見他的批評，甚至暗示我想早點得到遺產。

更糟糕的是連媽媽也替他找藉口。

親愛的上帝呀，我愛我的媽媽，但我自己的家也等著我去照顧 。

我又氣又苦、又受傷，真受不了，太累了，沒有盼望。主啊，救命！

耆年父母的心聲

我從來不想這樣。

在我晚年的時候，兒女為了我不和。

兄弟姊妹暗自較勁向來都有，但我做夢也沒想到會到這個地步。今天他們為了怎麼樣照顧我，應該輪到誰，吵個不休。

女兒很困倦，愁眉深鎖。

她提到弟弟時，語帶忿怒。

兒子是稀客。一坐下就很彆扭，好像急著要走。

我聽到他喃喃自語數落姊姊。

主啊，子女不和叫我痛心不已。

為的都是我。我不知如何是好。

我從來不想做一個沒有人願意探望的老人家。

從來不想負累自己的兒女。

每想到女兒為了照顧我所做的犧牲，我老懷感激。

真不敢想像沒有了她，我會怎麼樣。但她難道真的要我斷絕與兒子來往麼？

我只好若無其事，心裏痛苦。

主啊，救我！

攜手前行

家人之間的關係是很複雜的，特別在安排照顧老人家方面。你們一家有沒有根據上帝的誡命，用彼此相愛的原則去安排？彼此之間的責任分配合理嗎？你有沒有怕麻煩而逃避照顧老人家的責任？有沒有人推卸責任叫別人去承擔？有沒有用內疚去操控人？居所路程的差距，可以怎樣用愛心的原則去解決？

大家一起按著這節經文的教導互相支持。求上帝向你顯明，怎樣重新定義照顧的分工，讓家人善用恩賜、時間、才幹互相配合，榮耀上帝。

禱　告

我承認我的家很吵鬧，彼此傷害。大家都在鬥，怎樣能夠合作？主啊，赦免我！讓我把藉口變成愛心的行動，把厭惡化成真心的欣賞。上帝啊，如果我以事奉祢為首要的事，我終會在旅途上尋得和諧。阿們。

13

壓力

不但如此，就是在患難中也是歡歡喜喜的；因為知道患難生忍耐，忍耐生老練，老練生盼望；盼望不至於羞恥，因為所賜給我們的聖靈將上帝的愛澆灌在我們心裏。

羅五 3～5

成年子女的心聲

今天，看過爸爸，我上了車子，不禁伏在駕駛盤上放聲大哭，像個兩歲的小孩子。涕淚縱橫，臉部抽搐，鼻子通紅。

主啊，我耗盡所有，疲累不堪，不成人形。

今天，爸爸怨我買的紙巾牌子不對時，我的壓力就去到極點，像決堤一樣。

我感覺自己的血壓好像糖果溫度計給放進了沸水裏，馬上飆升。

多少次是我送他去急診？

多少次陪他去複診去買東西？

多少次把藥丸分半，依照每天所需，好好分配？

多少次預備好飯菜，放在冰箱？

幫他整理行裝，清理好一輩子的東西，送他去長者社區居住。

當我擠時間去看他，同時也把喜樂從自己的生活中擠掉。

主啊，有些時候他好像一點也不欣賞我所做的。

他嫌湯太稠，雞太乾。有時候他又很淒涼脆弱。

我真的心疼，捨不得他這個樣子。

上帝啊，隧道的盡頭似乎沒有光明。

主啊，請讓我得到盼望！

耆年父母的心聲

臨睡之前，我滿腦子問題。

如果家人要我離開這裏，搬到老人院去怎麼辦？

如果我摔倒了，沒人發現怎麼辦？

到了我不認得人了，誰會照顧我呢？

如果醫生說我有惡疾，怎麼辦？

如果醫藥費太貴，我負擔不起怎麼辦？

失禁、缺錢、孤單，問題一大堆。

我任由自己胡思亂想，近乎瘋狂。

外人覺得我的生活井井有條，甚至有點枯燥。大部分時間，我都靠在最愛的安樂椅上看電視，好像生活無憂。

但悠閒的外表下面正捲動著憂慮的漩渦。

主啊，從前能做的，今天都做不到，讓我非常沮喪。

在家人面前我裝作若無其事。

我知道他們常常在留意我，要知道我的記憶力有沒有衰退；又留意我的衣服乾淨不乾淨，鈕扣扣了沒有，拉鍊拉好了沒有。他們為我所做的實在太多了。

我又不敢讓他們知道，我實在非常需要依靠他們。

我覺得自己實在是給這衰殘的身體囚禁了。

主啊，從這樣的我救我出來！

攜手前行

歲月帶來改變，改變帶來壓力。想一想，今天的狀況為你帶來甚麼壓力，如何影響了你與上帝的關係。你是臨危求援還是每天禱告？恆常禱告的屬靈習慣，讓你有力迎接隨著照顧人或是老化自然而生的壓力。經常與上帝交談叫你有機會安全地宣洩一下。定焦在上帝的大能，不看己力，也叫你能夠放手，不再徒然控制不能控制的。

回想過去壓力難當的時候，上帝的手怎麼樣替你解困。這個經驗在這個時候可以怎麼樣幫助你？聽完兩代人的心聲後，嘗試設身處地明白別人的感受。永遠不要忘記上帝賜給你眼淚的恩賜。大哭一場有時候是很好的，可以讓上帝來救你脫離痛苦。

禱　告

親愛的主，賜給我視力，看穿充滿壓力的現狀。叫我永遠不要忘記，一切的關係裏面最主要的就是：愛。幫助我不要看我的苦惱沮喪，反而要看祢無盡的恩典。求祢帶領我，在凌亂的人生裏，以仁慈和感恩去處理一切。阿們。

14

朋友

就有許多人聚集，甚至連門前都沒有空地；耶穌就對他們講道。有人帶著一個癱子來見耶穌，是用四個人抬來的；因為人多，不得近前，就把耶穌所在的房子，拆了房頂，既拆通了，就把癱子連所躺臥的褥子都縋下來。耶穌見他們的信心，就對癱子說：「小子，你的罪赦了。」

可二 2～5

成年子女的心聲

在照顧父母的辛苦過程中，我發現了誰是我真正的朋友。

他們對我不離不棄，給我打氣，為我治療，給我當跑腿。

在艱難的日子，聽我吐苦水，沒有瞧不起我。

我沒空應酬他們，他們仍然抽時間陪我。

他們幫助我直接解決問題，但沒有趁勢教訓我。

他們常常勉勵，卻沒有要我變成另外一個人。

他們輸出的只有愛和恩典，沒有半點義怒。

在照顧父母的這一段路程上，我發現真正的朋友不會像風暴中斷錨的船隻，隨流飄逝的。

我快撐不下去的時候，他們使我安定，再次得力。在我累得頭昏腦脹時，逗我開心。

為了主賜友誼，我沒齒難忘，永遠感恩。

主啊，感謝祢，在我心力交瘁的時候，讓友情成為我的良藥。

耆年父母的心聲

有時候我在心裏玩這個遊戲——是老人家心照不宣的陰沉的遊戲。遊戲是：下一位是誰？

我的老友一個接一個走了。搬的搬、死的死。

留下我在猜下一個是誰。

我最好的朋友為了與家人團聚搬到老遠去。

多年的教友病的病，死的死。

其他的就搬到城另外一邊的老人院去。

主啊，我的朋友圈愈縮愈小。

我一個人看著飯堂裏他們所坐的椅子，現在空空如也，在我心中留下一個一個的洞。

我猜自己的家人都不會了解我有多想念我的老朋友。

我愛翻舊照片，沉湎在回憶中。

但有些日子真是非常陰暗，十分孤單。

主啊，我在這一段路上需要有朋友。

我需要聽見他們的笑聲，感受溫暖的擁抱；我低落的時候，需要朋友的鼓勵；我坐下來，不願再走的時候，需要朋友來鼓勵我繼續前行。

主啊，請聽我的唉哼，請擁抱我。

我雖然老，但我仍需要朋友。

攜手前行

永遠不要低估友誼的重要性，無論甚麼年紀。朋友不多的人比較容易感到寂寞、孤單和沮喪。照顧人的人也需要好朋友的支持，得到鼓勵度過困難的時刻。

重溫癱子被朋友抬去聽耶穌講道的故事。他們揭開房頂，把他縋下去面見耶穌。這個關於朋友的故事，今天怎樣鼓勵你、挑戰你？好好默想聖經裏有關信心與友情的故事，然後應用在自己的生活裏。做後輩的怎樣為長輩提供機會，重新聯繫朋友？又或者怎樣鼓勵老人家結交新朋友呢？當長輩的，又可以怎樣支持兒女們經營自己的朋友關係呢？

禱　告

親愛的主，祢深深知道我的需要。祢賜好朋友給我，進入我的生命，分享我的喜樂，給我帶來歡笑，陪我度過哀傷流淚的日子。他們有陪伴同在的恩賜。在我年事漸長時，請教導我珍惜這些友誼，用心經營。也求祢開我的雙眼，抓緊機會結交新的朋友。阿們。

15
假期

我知道世人，莫強如終身喜樂行善；並且人人吃喝，在他一切勞碌中享福，這也是上帝的恩賜。我知道上帝一切所做的都必永存；無所增添，無所減少。上帝這樣行，是要人在他面前存敬畏的心。

傳三 12～14

成年子女的心聲

也許很無聊，但我真的幻想過一個完美的假期。

一家人圍繞在聖誕樹旁，或在仲夏之夜看煙花，開懷大笑，美酒佳餚，留下美好回憶。

所以我好好佈置一番：復活節兔子、國旗、稻草人、聖景——各按其時。

現在，子女都成家立室各散東西，只在節日才回來，這些日子就對我更重要了。

可是，為甚麼我同時又很怕過節？

主啊，要令媽媽滿意，又要叫年輕的家庭成員開心，難度愈來愈高。

希望媽媽看得到我已經為節日安排挖空心思。

一家大小聚在一起鬧哄哄時，媽媽就很不耐煩。

她抱怨吃飯的時間太晚，孫兒們只顧低頭看手機。

真希望可以叫她滿意。

搞好假期的壓力令我耐性全消。

我要與所愛的人享受假期，不是害怕假期。

耆年父母的心聲

從前，為了假期，我大費周章，為要讓家人親友留下美好印象。

打掃、烘焙、佈置、購物一手包辦。

現在年紀大了，已經應付不來了。

上帝啊，在我這個年紀，假期叫我百感交集。

我又喜又悲、又興奮又害怕，有美好的回憶，也有要命的愁緒。

我期待親友的團聚，卻總看見亡夫的空椅。

有時候笑聲和談話聲令我受不了——人人七嘴八舌，小孩子亂跑，滿地玩具，有如障礙賽道。

家人忘記了我耳朵不靈光，也很害怕摔倒，體力也大不如前。

他們大概都以為是我臭脾氣。

所以家人團聚、高朋滿座，可我仍覺孤單。

攜手前行

為了創造一個完美的節日，你很容易錯過上帝的提醒：完美的節日是虛幻的。就是在三代同堂的混亂中，你仍然有機會去創造和諧難忘的記憶。但你首先要放棄完美的追求，轉而鞏固關係，創造回憶。

嘗試明白老人家對假期的感覺，是既快樂又憂慮的，這是他們的限制和挫敗。怎樣改變假期的計劃，以安全與舒適為優先考慮呢？也許不要出去一整天，老人家出來幾個小時就夠了。一家人都要學習體貼視力聽力都不好的人。要想想怎麼樣幫助老人家也投入在活動裏面。邀請長輩祝福家人，或者講些節日典故。一家人可以怎樣快樂地記念先人的嘉言懿行？在追惜固有傳統之時，可以怎樣為新的回憶製造空間？

禱告

主啊，我多麼希望我的假期美得像諾曼·洛克維爾（Norman Rockwell）的圖畫——快樂和諧，令人難忘。可是當我追求完美，我就忘記尋求祢。請指示我如何讓老老小小過一個快樂的節日，彼此相愛，互相體恤。但我快要發作的時候，使我冷靜。在我享受祢所賜的家庭的時候，求祢讓我經歷祢的平安。阿們。

16

界線

耶穌隨即催門徒上船，先渡到那邊伯賽大去，等他叫眾人散開。他既辭別了他們，就往山上去禱告。

可六 45～46

成年子女的心聲

婉拒所求是我最難做到的，特別是對父母。

我一向習慣滿足他的期望，但現在我一定要劃清楚界線，否則我一定累垮，一敗塗地。

要劃清界線，我頭腦清楚，但我的心追不上來。

為甚麼現在我還是覺得要去取悦他？

我有罪惡感，總覺得自己做得不夠。

我覺得自己在背棄父親。

上帝啊，也在背棄祢。

這些年來，他的需要愈來愈多；可我的時間和力量並沒有增多。

有時候，我故意讓他借我的好意佔便宜，因為順應他比拒絕他來得容易。

我把他的批評包攬在身上，自己生自己的氣。

我是全心關心他的，雖然在決定甚麼是對他最好的事上，往往不咬弦。

主啊，我不是超人。

在我與父母關係時好時壞的日子裏，我需要得到幫助。

定界線容易，守護很難。

求祢賜我勇氣，能把善意化成智慧的行動。

耆年父母的心聲

進入老年恍如走著窄小的泥路登山。

沒有圍欄，沒有路標，不知前面有甚麼危險。

髮夾般的急彎兩邊是萬丈懸崖。

上帝啊，有時候，晚年的無常叫我焦慮不堪。

行年至此，我要靠人來照顧我，又屈辱又苦惱。

我得承認，許多時候，我像個小霸王而非懂得感恩的父母。

我沒有為家人的付出說感謝的話。

主啊，當我倚老賣老，試圖指揮子女的生活，請赦免我。

我知道大家都努力在應付接踵而來的改變，請幫助我的家人也明白，我也有我的界線。

主啊，求祢開我們的眼，看見那些無心之失怎麼樣傷害到別人。

幫助我把心藏的感激與對人的肯定表白出來。

攜手前行

設定界線其實是有愛心的事，為的是叫成年子女與耆年父母能夠在多變的情況下，達到合理的要求。聖經確定了耶穌很重視界線。慈愛的主並非有求必應。有時候，祂會遠離羣眾去休息和禱告。祂也不讓人，包括宗教領袖來操縱祂。

你在面對親人的時候，內心有甚麼交戰？為了自保，你可以設定甚麼界線？讓耶穌成為你的榜樣吧！找一個不慌不忙的時候和地方，與親人私下談談期望與界線。

首先確認對方所面對的人生轉變是令人壓力很大、沮喪的。要表明你很想明白他的看法。要解釋個人規限的重要性。小心不要怪罪對方。一同探討滿足對方期望的最好方法。要設定清楚的界線；將來就是有爭議，立場要堅定，態度要仁慈。

禱　告

親愛的主，晚年的路荊棘滿佈，不是我常常能預測的。我給自己的期望絆倒了，仆倒在地上，疲憊不堪。幫助我依靠祢帶領我走前面的路。請教導我尊重親人的——和自己的界線。阿們。

17

死亡

我們沒有一個人為自己活，也沒有一個人為自己死。我們若活著，是為主而活；若死了，是為主而死。所以，我們或活或死總是主的人。

羅十四 7～8

成年子女的心聲

我不喜歡想到死亡。

喪禮過後，我久久不能忘記冰冷僵硬的屍體。

幹嘛要故意去思考那麼不開心的事情？

因此，我迴避談論死亡，只顧盡力保持青春。

運動、健康飲食。魚油、藍莓、奧米加3。

主啊，我知道我遲早會死，但不需要每天都被提醒啊。

雖是如此，有時候我還是難免會去想它。尤其是在照顧年長的親人時，我被逼要想，並且要去想那些我極不願想的。

善終服務、生前預囑。棄救表格。火葬土葬？

這些沉重的詞語，大家都漫不經心地在使用。

親愛的上帝啊，祢知道我面對死亡的事實，滿心不安。

想到了爸爸，我不敢想像沒有了他的日子會是怎麼樣的。

求祢賜給我信心接受這件事：擁抱死亡，就能明白人生。

耆年父母的心聲

我不怕死——死前的路途如何才是我所擔心的。

有時候我在想，自己是否會有幾個月或是幾年，像風中殘燭般不定。

或者一陣風就把它吹熄了。

是壽終正寢，家人隨侍在旁，或是在醫院？或是在老人院？

是一眠不起或是先有預告？

我確知的是：必定會死。

阻止不了。

每一次我跟孩子提起，他總是像交通警察一樣把手一揮，說：「還不是時候談這個。」

他不明白我需要談，也不怕談。

死亡一到，我未圓的夢也隨之逝去。

可是死不是我故事的結局，而是一個新的開始。

當我正在接受死亡的事實，請幫助我更加完全地去擁抱生命。

攜手前行

你不能佯裝看不見老年的困難，也不要以為拼了命就可以逃避死亡。上帝在聖經裏面，再三差遣使者叫人不要害怕。作為信徒，你必須學習自己是必死的。你怕談死嗎？對你自己和你的親人，這難以啟齒的談話，可以如何成為祝福呢？

想一下，默觀死亡可以如何助你今天活得更有智慧。怎樣可以在務實地面對死亡之餘，憧憬上帝將來要為你成就新事？

禱　告

親愛的主啊，請使用我與親人談死的一席話，啟發我們如何在祢裏面活得更豐盛。請幫助我放開手，不抓世界的事，反而能夠緊抓著永恒。讓我一息尚存，靈性活力不滅。阿們。

18

笑聲

喜樂的心乃是良藥；憂傷的靈使骨枯乾。

箴十七 22

成年子女的心聲

我快要抓狂的時候，老爸講了一些笑死人的話，我也忍不住笑了出來。

他總會讓我有驚喜。

他甚至不覺得自己有甚麼好笑。

他就是會突然間胡謅一番，瞬間改變我的心情。

上帝啊，謝謝祢給我們有笑聲的恩賜。

我亟需要破涕為笑、化悲為喜的這些時刻。

在幽暗的日子裏，我真需要一場人仰馬翻的大笑。

我不要叫人受傷的笑，乃要能醫治人，能叫垂頭喪氣的人精神為之一振的笑聲。

主啊，當生活逼人，求賜大劑量的笑聲給我——無拘無束的笑聲，叫我的心情變好，重拾人生的希望。

耆年父母的心聲

看著鏡子，哭笑不得。

鏡中人傴僂著，一身皺皮，像一隻老狗。

不用費勁，只看一眼已教我低沉。

主啊，有時候人生實在太嚴肅了，我真的需要笑。

因此我學習老人家的幽默，盡量去以笑面對環境。

今天早上，我要從椅子上起來，竟然像扇防蚊門在風中搖曳。我來回搖了五次，終於站了起來。

昨天，我連撕開蜂蜜包裝，把蜂蜜塗在餅乾上也做不到，就笑了出來。

有時候，我走到外面，在陽光之下才發現自己穿錯襪子，又或者襯衫的鈕扣扣錯了。

上帝啊，做老人不容易啊，但我知道不開心是沒用的。

如果看自己的困難看得太重，我真的會很慘。

所以還有一口氣，我還是要笑。

攜手前行

笑是上帝偉大的恩賜，能消除壓力，帶來新眼光。因此，真的要很認真地去笑！

試想一想，可以怎樣刻意地在繃緊低沉的情況下製造一點笑料。在過去的經驗或日常生活中，有沒有好笑的故事？有甚麼讓大家輕鬆一下的笑話、漫畫可以分享嗎？要跟能令你歡笑的人交往。然後，記住：笑著老勝過苦著老。

禱　告

上帝啊，為了笑聲這一份釋放人的恩賜，我感謝祢，尤其在生活磨人的時候。當生活開始磨蝕心靈，求祢讓我轉聽小孩的笑聲、朋友的笑話。在最不可能的情況下，叫我被祢逗樂！讓我在地上的苦惱化作天上的笑聲。阿們。

19

偏離中心

要將他極豐富的恩典，就是他在基督耶穌裏向我們所施的恩慈，顯明給後來的世代看。你們得救是本乎恩，也因著信；這並不是出於自己，乃是上帝所賜的；也不是出於行為，免得有人自誇。我們原是他的工作，在基督耶穌裏造成的，為要叫我們行善，就是上帝所預備叫我們行的。

弗二 7～10

成年子女的心聲

有些時候，我覺得自己往旁傾側了——一塊偏離了陶匠旋盤的泥土。

在快速轉動的世界裏搖晃不定。

有時候，不管我多麼努力，還是一事無成。

泥太乾、太濕、太大團。

我東奔西跑仍然徒勞無功。

在心煩意亂的時刻我口不擇言，傷害了我的長輩。

我埋怨人、怪罪別人、受困了。

我轉得太快，自食其果。

主啊，我搞砸了，求祢赦免。

我願意任祢塑造，去適應、隨時擁抱人生的轉折。

求祢幫助我，再一次找到自己的中心。

當照顧長輩令我身心俱疲，請讓我重回中心。

主啊，惟有祢能平衡我的生活。

當我願意把我的生命放在陶匠旋盤時，祢就能夠按祢創造的美意，把我重新塑造。

耆年父母的心聲

在我這把年紀，經常感覺不對勁——甚至容易發脾氣。

眼花耳聾；不能獨來獨往；最愛的食物也不准吃。

關節痛，行動慢。

日服十五顆藥丸。

不知誰說過，老年生活不適合膽小鬼。他可不是鬧著玩的。我大部分日子都努力叫自己別在意殘酷的現實。

我盡力注意晚年的福氣，但有時候卻仍是心情低落。

我開始感覺不平衡，總有些不對勁。

主啊，當我覺得忍無可忍，求祢以忍耐充滿我。

指教我更好的方法。

重塑這塊泥土，造成新樣，既好看又中用的，好奉祢的聖名去服事別人。

攜手前行

默想以弗所書的經文，對照自己的生活。是甚麼令你偏離中心？有甚麼做法能夠叫你回歸上帝的中心？有甚麼是你需要捨棄的？你的生活當怎麼樣重新排序，以致可以更好處理重要的關係？要用創意去使自己時刻以上帝為中心。編一個敬拜詩歌播放單，重溫上帝的應許。有恆心地寫下祈禱日誌。搜集使你記起上帝的真實的一些經文。

禱告

主啊，祢是偉大的陶匠，我是泥土。幫助我以聖經和禱告去衡量優次。然後給我勇氣信靠祢，憑祢的計劃去陶造我。阿們。

20

改變

這不是說我已經得著了，已經完全了；我乃是竭力追求，或者可以得著基督耶穌所以得著我的。弟兄們，我不是以為自己已經得著了；我只有一件事，就是忘記背後，努力面前的，向著標竿直跑，要得上帝在基督耶穌裏從上面召我來得的獎賞。

腓三 12～14

成年子女的心聲

真希望老媽的轉變沒來得那麼困難。

她死抓住昨天不肯放手。

服飾髮型不變。

看的是電視殘片，聽的都是老歌。

才不久以前，她還會學習新的遊戲，嘗試新的口味。

此情不再。

舊調重彈、天天不變叫她安心。

她死也不學電腦，生怕會惹來麻煩。

我認為她已經肯定自己太笨了。

腦筋轉不動。

她寧可親手做，也不願親自學。

難道她不知道轉變是無可避免的嗎？

她抱怨說，孫子們講的，她全不明白。

問題是她根本不想了解他們的興趣。

每一天都跟昨天一模一樣 —— 單調沉悶。

主啊，我可以怎樣幫助她脫離這個困局呢？

耆年父母的心聲

主啊，我置身於風暴中，

非一般風暴——是最大的風暴。

一切條件都齊備，造成最可怕的情況。

正當世界在加速，我的身心卻在慢下來。

我從來沒有遇過那麼快的變化。

上帝啊，祢知道我這輩子經過了多少改變，但這次真的很不一樣。

科技日新月異，我沒有可能趕得上。

但我學懂了一個新玩意兒，它已經過時。

從前一家只有一個電話號碼，電視也沒有幾個台可以選，百科全書、地圖集是資訊來源。

今天如果你不懂得最新的科技，全世界都會取笑你，叫你自卑。

我為甚麼要去了解流行文化？

我每天都在應付改變啊！家沒有了，自主沒有了，所愛的人也沒有了，生活的意義也沒有了。

生活裏面小小的改變，就能打亂我的腳步。

主啊，我嘗試在浮沙上前行，但我實在累透了。

攜手前行

當生活的改變叫人目眩，你可能想藏在洞穴中靜待晴天。生活真的會令人手足無措，把人嚇倒。然而作門徒就是要長大。要長大就要改變，不斷往前走。即使必須的改變是很難的事，要老得有信心，學習擁抱改變是惟一方法。

思考經文，對照生活。改變對你生活造成甚麼衝擊？你心裏有甚麼恐懼？想一想，有甚麼具體的方法幫助你去擁抱改變，作個繼續成長的門徒。看看你自己有甚麼辦法幫助家人面對因改變而來的挫折。

禱　告

主啊，不論多少歲，改變真難。赦免我，只要有絲毫改變的風聲，我就已經起來頑抗，堅決不離安舒區半步。幫助我信靠祢，把最大的恐懼也交給祢。賜我耐心和勇氣，在生命的路途中前進。阿們。

真善美叢書

按照聖經教導，重尋人生真善美。

- 家庭系列

讓他走，該走的路——塑造孩子未來的九種性格特質
The Life You Want Your Kids to Live

萊斯·帕羅特三世(Les Parrott III)、老萊斯利·帕羅特(Les Parrott Sr.)著
陳翠婷 譯／HK$63

孩子如何栽培父母——逆轉角色的親職之旅
How Childern Raise Parents: The Art of Listening to Your Family

艾倫德(Dan B. Allender)著／陳永財 譯／HK$93

與孩子談信仰——一個八歲女童與神學家外祖父交換問答
Conversation with Poppi about God

羅伯·詹森(Robert W. Jenson)、索爾葦·高蒂(Solveig Lucia Gold)著／周翠珊 譯
HK$58

戀愛靈旅——給戀人的靈修書
Devotions for Dating Couples: Building a Foundation for Spiritual Intimacy

賓·楊(Ben Young)、撒母耳·亞當斯(Dr. Samuel Adams)著／明朗兒 譯／HK$68

婚姻靈旅——給愛主夫婦同心操練的十項挑戰
Marriage Spirituality

保羅·史蒂文斯(Paul Stevens)著／胡玉藩、伍美詩 譯／HK$63

愛能長久——重建婚姻關係
Strike the Original Match

司糴道(Charles R. Swindoll)著／曾淑儀 譯／HK$88

同床異夢——婚外情的轉機(增修版)

黃麗彰 著／HK$58

當我繼續走下去——喪偶或離婚後重新擁抱生命

From We to Me: Embracing Life Again After the Death or Divorce of a Spouse

蘇珊·索納貝爾提（Susan J. Zonnebelt-Smeenge）、羅伯特·德弗里斯（Robert C. De Vries）著／郭靈飛 譯／HK$78

• 女性系列

不必完美，仍能完全

Stronger Than You Think: Becoming Whole Without Having to be Perfect

金·蓋恩斯·埃克特（Kim Gaines Eckert）著／草木 譯／HK$108

誰叫我美麗——認識神眼中的你

Who Calls Me Beautiful?: Finding Our True Image in the Mirror of God

理賈娜 富蘭克林（Regina Franklin）著／郭靈飛 譯／HK$68

全然美麗——箴言三十一章的女性

Beautiful in God's Eyes

伊利莎伯·喬治（Elizabeth George）著／丘玉竹 譯／HK$88

路得的故事——女性生命中的 12 個關鍵時刻

The Story of Ruth: Twelve Moments in Every Woman's Life

卓滌娜（Joan D. Chittister）著／陳秋蓮 譯／HK$58

她們的改變——與跟隨耶穌的婦女相遇

The Magdalene Gospel: Meeting the Women Who Followed Jesus

阿什克羅夫特（Mary Allen Ashcroft）著／陳秋蓮 譯／HK$58

她們的聲音——再遇跟隨耶穌的婦女

Spirited Women: Encountering the First Women Believers

阿什克羅夫特（Mary Allen Ashcroft）著／陳秋蓮 譯／HK$63